Christa Spilling-Nöker

# Ich will dich begleiten

Texte und Musik

kiefel LAGOline music

*Stille hat dein Herz erfüllt.*

Behutsam zieht sie eine Bahn
durch deinen Schmerz
und schenkt dir heilsame Momente
des Aufatmens,
die dich endlich ein klein wenig
zur Ruhe kommen lassen.

Bilder der Erinnerung steigen in dir auf,
von der Zeit, als du das Leben
mit dem Menschen noch hast teilen dürfen,
von dem du heute Abschied zu nehmen beginnst.

Vor allem die letzten Stunden, Tage und Wochen
werden vor deinem inneren Auge
wieder lebendig:

Was war wichtig und wesentlich
in dieser letzten Zeit?

Welche Fragen standen im Raum?

Ließen sich Antworten darauf finden
oder quält dich jetzt das Dunkel
des Unausgesprochenen –
versäumte Liebe,
oder ein Schatten an Schuld?

Welche Freuden durftet ihr
miteinander teilen ?

Wie tief waren die Begegnungen,
die euch geschenkt wurden ?

Wieviel Vertrautheit und Nähe habt ihr
gemeinsam erlebt ?

*Du brauchst ganz sicher viel Geduld,*
bis du den weiten Weg des Abschiednehmens,
der nun langsam erst für dich beginnt,
bewältigen und verlassen kannst.

Schenk dir die Zeit zur Trauer und ertrage
die immer wieder wechselnden Gedanken und Gefühle.

---

Denn wenn dich auch stets neue Wogen an Tränen
und Verzweiflung überrollen und wilder Zorn dein Herz
bisweilen zu zerreißen droht, darfst du am Ende wieder

Licht am Horizont erahnen.

Der Trost wird dir auf leisen Sohlen sanft entgegen kommen.

Er wird dir zärtlich beide Hände reichen, um dich der
Dunkelheit des Todes und der Trauer zu entziehen.

Er hilft dir, wieder helle Räume zu betreten,
in denen dein gequältes Herz allmählich Heilung ahnen kann,
wo Hoffnungsträume deine müde Seele wieder stärken
und Zuversicht den Weg vor dir von einem Schritt zum andern
sacht erhellt.

## *Der Schmerz liegt*

groß und schwer auf deinem Herzen,
das Unbegreifbare hat dich ergriffen,
das du in seiner schlimmen Wirklichkeit
noch gar nicht ganz erfassen kannst.
Es wird vermutlich lange brauchen,
bis du nicht nur mit dem Verstand,
sondern zugleich mit deinem Herzen
begreifen kannst, was dieser Abschied
für dich dauerhaft bedeuten wird.

Schenk dir die Zeit, die nötig ist,
um dich der Trauer ganz zu stellen,
damit du eines Tages wieder
aufatmen und einen Hauch
von Hoffnung ahnen kannst.

Wenn du einen Menschen verlierst,
den du geliebt hast,
dann stirbt ein Stück
deines Lebens mit ihm.
Aber wenn du dir
etwas von dem bewahrst,
das sich dir durch ihn
an innerem Reichtum
erschlossen hat,
wird er in dir gegenwärtig
und durch dich hindurch
auch in Zukunft lebendig sein.

*Dein Kummer ist so groß,*

dass du gar nicht mehr weißt,
wo du damit hin sollst.
Schreie deine Not heraus
und lass deinen Tränen
endlich freien Lauf.
Es ist keine Schande
zu weinen.

Wenn die Tränen strömen,
kommt auch in deiner Seele
wieder etwas zum Fließen,
die Erstarrung kann sich lösen
und der Schmerz
lässt langsam nach.

## *Plötzlich*

geht so vieles zu Ende von dem,
was dich lange Zeit hin belebt
und dein Leben mit Sinn erfüllt hat.
Der Schmerz darüber,
der noch Zeichen von Lebendigkeit war,
macht einer großen inneren Leere Raum.
Das Gefühl von Sinnlosigkeit
macht sich breit in dir.
Aber nur da, wo du Vergangenes
wirklich zurücklassen kannst,
kann Neues entstehen,
nur da, wo verbrauchtes Leben stirbt,
hat befreite Zukunft
eine Chance.

Das Glück von gestern
ist nicht für alle Zeit
verloren.
Der Tod kann
nur die äußere Gestalt
zerstören,
doch das Wesentliche bleibt,
lacht und weint
und träumt
in dir.

*Wie oft hast du geglaubt,*

dass es nicht mehr weitergeht,
dass du die Schmerzen
nicht mehr aushältst
und du deinem Leben
ein Ende machen wolltest.
Und doch hat nach jeder Nacht
wieder ein neuer Tag begonnen,
fiel plötzlich vom Himmel
das Geschenk von Freundschaft
und Liebe.

## *Wenn die Dunkelheit*

sich wieder breit macht in dir
und die Nacht in deiner Seele
kein Ende mehr nimmt,
dann schaue hinauf
zu den Sternen.
Es gibt keine Nacht
ohne Spuren des Lichts.

Versuche Atemzug um Atemzug
zur Ruhe zu kommen.
Schicke all die quälenden Gedanken,
die dir immer und immer wieder
durch den Kopf gehen,
zum Himmel hinauf,
damit du frei wirst,
den Stimmen der Engel zu lauschen,
und dein inneres Ohr empfänglich wird
für ihre Botschaft:
Fürchte dich nicht –
Vieles wird wieder heil.

*Eines Morgens früh*
wirst du dem anbrechenden Tag
wieder entgegenlächeln
und der Freude
wieder Einlass geben können
in dir.

---

Eines Morgens früh
wirst du die Aufgaben,
die vor dir liegen,
wieder als Herausforderung
empfinden,
die dich spüren lässt,
dass du gebraucht wirst,
so, wie du bist.

Eines Morgens früh
wird die Sonne
wieder aufgehen
in dir
und du wirst danken können,
dass du bist.

*Du glaubst,*

die letzte Hoffnung
ist zerronnen,
die letzte Träne
ausgeweint
und ahnst noch nicht,
dass dir
in deiner Mitte
ganz im Verborgenen
schone eine neue
Rose keimt.

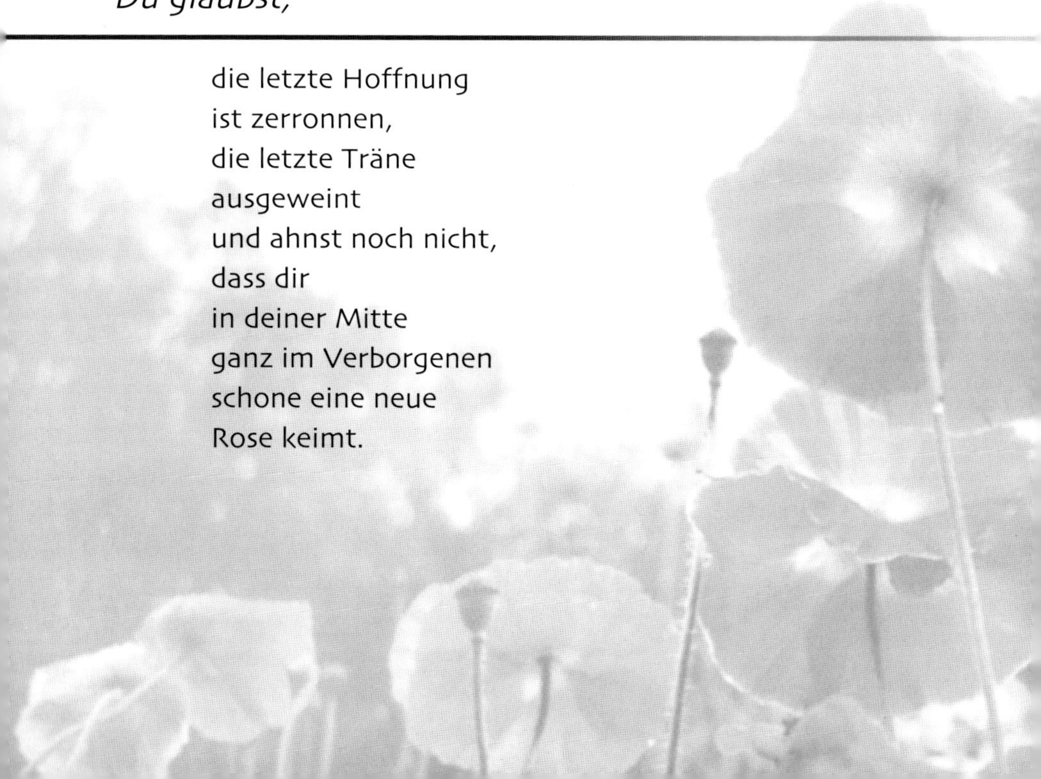

Nach kahlen, kalten
Wintertagen
bricht eines Tages
sich der Frühling
mit zarten Knospen
leise Bahn.

Nach langer Zeit
der Einsamkeit
wird eines Morgens
auch dein Herz
zu neuer Hoffnung hin
bewegt.

**Quellen- und Bildnachweis:**

Texte auf Seite 8, 10, 16, 20, 21 aus: Christa Spilling-Nöker, Zum Trost


Texte auf Seite 9, 12 aus: Christa Spilling-Nöker, Einen neuen Anfang wagen. Geschichten zum Weiterleben


Text auf Seite 14 aus: Christa Spilling-Nöker, Der Himmel ist in dir. Segensworte


Text auf Seite 17 aus: Christa Spilling-Nöker, Komm, mein Engel, komm. Beflügelnde Worte für den Tag


Alle übrigen Texte wurden für diesen Band neu geschrieben.

Titelbild: Tim Krieger
Alle übrigen Bilder: Bildarchiv Kiefel

Bibliografische Information Der Deutschen Bibliothek
Die Deutsche Bibliothek verzeichnet diese Publikation in der Deutschen Nationalbibliografie;
detaillierte bibliografische Daten sind im Internet über http://dnb.ddb.de abrufbar.

**ISBN 3-579-05841-X**


Gestaltung und Satz: Init GmbH, Bielefeld
Reproduktion: Peter Karau, Bochum
Druck und Verarbeitung: Memminger MedienCentrum, Memmingen
Printed in Germany

www.kiefelverlag.de – www.lagoline.com

**Angaben zur beiliegenden Musik-CD »Ich will dich begleiten«**

1. Ich will dich begleiten* (Musik: »Ufer der Trauer«) 4:30
   (Text: C. Spilling-Nöker / K: M. Hülsemann OV: GEMA Manuskript ISRC: DE-S44-03-00002)

2. Time To Say Goodbye 3:22
   (K: F. Sartori OV: Insiene-Ed. Mus. S.R.L. / Double-Marbot-Ed. ISRC: DE-S44-99-00021)

3. Ufer der Trauer 4:03
   (K: M. Hülsemann OV: GEMA Manuskript ISRC: DE-S44-99-00006)

*Gesprochen von Gerhild Schüddekopf, Musik: Matthias Hülsemann

Produziert von Andreas Hülsemann, Matthias Hülsemann & Markus Henry Fellenberg

Bestell-Nr.: 790003-2